Brahma Jnanavali Mala
of Adi Shankaracharya

Essence and Sanskrit Grammar

Ashwini was born in Ludhiana in his mother's home and completed his pre-University from Govt. College for Boys. He has also written texts on Sanskrit Grammar delving into Panini's Ashtadhyayi.

Ashwini Kumar Aggarwal

Brahma Jnanavali Mala of Adi Shankaracharya

Essence and Sanskrit Grammar

ब्रह्मज्ञानावलीमाला

Brahmajñānāvalīmālā

Ashwini Kumar Aggarwal

जय गुरुदेव

Title: **Brahma Jnanavali Mala of Adi Shankaracharya**
SubTitle: **Essence and Sanskrit Grammar**
Author: **Ashwini Kumar Aggarwal**

Printed and Published by
Devotees of Sri Sri Ravi Shankar Ashram
34 Sunny Enclave, Devigarh Road,
Patiala 147001, Punjab, India

https://advaita56.weebly.com/
The Art of Living Centre

https://www.artofliving.org/

6th Jan 2023, Rudra Puja at Mahavir Enclave followed by
Sunview Residency tirtham kavach, Pausha Poornima,
Shukla paksha, Ardra nakshatra.
On this day 1017 Cnut crowned king of England Denmark Norway, 1099
Henry V crowned German king, 1205 Philip of Swabia becomes Roman
king, 1322 Stephen Uros III enthrones Serbia.
Vikram Samvat 2079 Nala, Saka Era 1944 Shubhakrit
1st Edition January 2023
जय गुरुदेव

Dedication

Sri Sri Ravi Shankar

who gave us our most awaited **'asango ham'** in AMC

Acknowledgements

Rudra Puja at Mahavir Enclave, full of devotion tears. Followed by visit to Sunview Residency for pouring the pancamrit tirtham kavach at the eight directions and the Brahmasthan
- to honor human birth
- to engineer creativity
- to produce high performing individuals
- to help families live in close knit societies
- to enable man's inter-galactic travel
- to ignite love
- to spark devotion
- to kindle authenticity
- to rise above physics and
- play soccer with the nebulae

Blessing

In life there is just love and love and love. Live as
though you are nobody. Live as though you are a glow
of light, and you will see that the bliss that you get
cannot even be compared to any other joy through
any of the senses.

Sri Sri Ravi Shankar
Discourse on the Ashtavakra Gita
Bangalore Ashram, 1991

Preface

Ādi Śaṅkara was born in a small village named Kalady in the coastal state of Kerala and lived in the 5th century BCE – Born 509 BCE, departed 477 BCE. In a short lifespan of 32 years he travelled the length and breadth of India twice, melding minds, infusing harmony and restoring the fabric of society.

He spoke with utmost clarity and conviction. He rebuilt man's character and personality. His teachings lit the lamp of fearlessness in umpteen households.

To him is attributed the Sanatana mindset, the ritualistic practices followed in every Indian home, our amiable culture, hospitality, and excellent spiritual wisdom.

Adi Sankara pioneered the art of removing doubt from the mind and establishing an intimate relationship with God.

His methods have been successfully implemented by numerous noble souls to attain Nirvana. Saints, Kings and Commoners who rose above sorrow and found peace have given him the sole credit for this rarest of rare achievement.

His works have become the cornerstone of Advaita Vedanta. A torch for all of mankind.

Contents

Prayer

ॐ

भद्रं कर्णेभिः श्रृणुयाम देवाः । भद्रं पश्ये माक्षभिर् यजत्राः ।
स्थिरैरङ्गैस् तुष्टुवाꣳसस्तनूभिः । व्यशेम देवहितं यदायुः ॥
स्वस्ति न इन्द्रो वृद्धश्रवाः । स्वस्ति नꣳ पूषा विश्ववेदाः ।
स्वस्ति नस्ताक्ष्यों अरिष्टनेमिः । स्वस्ति नो बृहस्पतिर्दधातु ॥
ॐ शान्तिः शान्तिः शान्तिः ॥

Shanti Mantra
O Divine Wisdom!
May our ears listen to the sacred and the auspicious.
May our eyes see the propitious as we come together
to partake of wisdom.
May our limbs be firm and body attuned to long
endurances.
May our senses function with full alertness and
May the sense of contentment be strong.
May our good thoughts form a discus to shield us and
May our education give us a shining personality.

Peace in our heart, in our body and in our environs.

Verse 1 Sharp Light beam of Pure Knowledge

सकृच्छ्रवणमात्रेण ब्रह्मज्ञानं यतो भवेत् ।

ब्रह्मज्ञानावलीमाला सर्वेषां मोक्षसिद्धये ॥ १

sakṛcchravaṇamātreṇa brahmajñānaṃ yato bhavet | brahmajñānāvalīmālā sarveṣāṃ mokṣasiddhaye || 1

सकृत् श्रवण-मात्रेण ब्रह्म-ज्ञानम् यतः भवेत् ।

ब्रह्म-ज्ञान-आवली-माला सर्वेषाम् मोक्ष-सिद्धये ॥

सकृत् [0 adv] instantly श्रवणमात्रेण [n3/1] by simply listening

ब्रह्मज्ञानम् [n1/1] ultimate wisdom यतः [0 adv] if

भवेत् [विधिलिङ् iii/1] should occur । ब्रह्मज्ञानावलीमाला [f1/1] light beam of pure knowledge सर्वेषाम् [m6/3] to everyone

मोक्षसिद्धये [f4/1] for attaining freedom ॥

मात्र [mfn stem adj] श्रवणमात्रेण [n3/1]

भू [सत्तायाम् । भवेत् विधिलिङ् iii/1]

सिद्धि [f stem] मोक्षसिद्धये [f4/1]

adv = adverb = indeclinable

adj = adjective = takes the masculine/feminine/neuter gender of the

substantive it qualifies

1.
Here is now presented

the sharp light beam of pure knowledge

that shall prove to be an instantaneous gift
of the highest wisdom

to the devout listener
by simply reading or listening to it.

Verse 2 My True Nature

असङ्गोऽहमसङ्गोऽहमसङ्गोऽहं पुनः पुनः ।
सच्चिदानन्दरूपोऽहमहमेवाहमव्ययः ॥ २

asaṅgo'hamasaṅgo'hamasaṅgo'haṃ punaḥ punaḥ |

saccidānandarūpo'hamahamevāhamavyayaḥ ‖ 2

अ-सङ्गः अहम् असङ्गः अहम् असङ्गः अहम् पुनः पुनः ।
सत्-चित्-आनन्द-रूपः अहम् अहम् एव अहम् अव्ययः ॥

असङ्गः$^{m1/1}$ अहम्$^{mfn1/1}$ असङ्गः$^{m1/1}$ अहम्$^{mfn1/1}$ असङ्गः$^{m1/1}$

अहम्$^{mfn1/1}$ पुनः^{0} पुनः^{0} । सत्चित्आनन्दरूपः$^{m1/1}$ अहम्$^{mfn1/1}$

अहम्$^{mfn1/1}$ एव^{0} अहम्$^{mfn1/1}$ अव्ययः$^{m1/1}$ ॥

2.
Detached from NAME am i,
Disinterested in FAME am i,
Non-feverish of GAINS am i.

I remind myself again and again
of the immensity of this creation,
of my superb fortune and grace, and
of the goodness i have been blessed with.

I remember my true nature,
i know i am a bundle of truth-awareness-bliss,
of a form that glows, radiates and expresses the
divine.

I am That only,
O Yes! i am this alone, unqualified.

Verse 3 Untarnished Mind

नित्यशुद्धविमुक्तोऽहं निराकारोऽहमव्ययः ।
भूमानन्दस्वरूपोऽहमहमेवाहमव्ययः ॥ ३

nityaśuddhavimukto'haṃ nirākāro'hamavyayaḥ |
bhūmānandasvarūpo'hamahamevāhamavyayaḥ ||3

नित्य-शुद्ध-विमुक्तः अहम् निर्-आकारः अहम् अव्ययः ।
भूमा-आनन्द-स्वरूपः अहम् अहम् एव अहम् अव्ययः ॥

नित्यशुद्धविमुक्तः $^{m1/1}$ अहम् $^{mfn1/1}$ निराकारः $^{m1/1}$ अहम् $^{mfn1/1}$ अव्ययः $^{m1/1}$ । भूमानन्दस्वरूपः $^{m1/1}$ अहम् $^{mfn1/1}$ अहम् $^{mfn1/1}$ एव ^{0} अहम् $^{mfn1/1}$ अव्ययः $^{m1/1}$ ॥

3.

Eternally pure,
especially free,
unconstrained am i,

untarnished is my mind.

This planet is my playground where i can give free
reign to my imagination.

O Yes! Such is my unsullied nature.

Verse 4 No Boundaries

नित्योऽहं निरवद्योऽहं निराकारोऽहमच्युतः ।
परमानन्दरूपोऽहमहमेवाहमव्ययः ॥ ४

nityo'haṃ niravadyo'haṃ nirākāro'hamacyutaḥ |
paramānandarūpo'hamahamevāhamavyayaḥ ‖ 4

नित्यः अहम् निर्-अवद्यः अहम् निर्-आकारः अहम् अच्युतः ।
परम-आनन्द-रूपः अहम् अहम् एव अहम् अव्ययः ॥

नित्यः[m1/1] अहम्[mfn1/1] निरवद्यः[m1/1] अहम्[mfn1/1]

निराकारः[m1/1] अहम्[mfn1/1] अच्युतः[m1/1] ।

परमानन्दरूपः[m1/1] अहम्[mfn1/1]

अहम्[mfn1/1] एव[0] अहम्[mfn1/1] अव्ययः[m1/1] ॥

4.
I ain't gonna age any,
There's no need to pile,
nor is time fleeting away.

There ain't no boundaries that loom ahead,
O My mind is so expansive,
        it envelops all beings,
        it takes all in its stride.

I feel that boundless joy,
that speaks of the Lord's presence within me,

O Yeah! My senses are infallible.

Verse 5 My Soul Radiates

शुद्धचैतन्यरूपोऽहमात्मारामोऽहमेव च ।
अखण्डानन्दरूपोऽहमहमेवाहमव्ययः ॥ ५

śuddhacaitanyarūpo'hamātmārāmo'hameva ca |
akhaṇḍānandarūpo'hamahamevāhamavyayaḥ || 5

शुद्ध-चैतन्य-रूपः अहम् आत्मा-आरामः अहम् एव च ।
अखण्ड-आनन्द-रूपः अहम् अहम् एव अहम् अव्ययः ॥

शुद्धचैतन्यरूपः $^{m1/1}$ अहम् $^{mfn1/1}$ आत्मारामः $^{r.1/1}$
अहम् $^{mfn1/1}$ एव ^{0} च ^{0} । अखण्डानन्दरूपः $^{m1/1}$ अहम् $^{mfn1/1}$
अहम् $^{mfn1/1}$ एव ^{0} अहम् $^{mfn1/1}$ अव्ययः $^{m1/1}$ ॥

5.

The tranquil consciousness is me,

O such delight doth my soul radiate.
Unbridled joy emerges from me,

all are pleased in my company.

Verse 6 Calmness Stillness

प्रत्यक्चैतन्यरूपोऽहं शान्तोऽहं प्रकृतेः परः ।
शाश्वतानन्दरूपोऽहमहमेवाहमव्ययः ॥ ६

pratyakcaitanyarūpo'haṃ śānto'haṃ prakṛteḥ
paraḥ |

śāśvatānandarūpo'hamahamevāhamavyayaḥ ‖ 6

प्रत्यक् -चैतन्य-रूपः अहम् शान्तः अहम् प्रकृतेः परः ।
शाश्वत-आनन्द-रूपः अहम् अहम् एव अहम् अव्ययः ॥

प्रत्यक्चैतन्यरूपः m1/1 अहम् mfn1/1 शान्तः m1/1 अहम् mfn1/1
प्रकृतेः f5/1 परः m1/1 adj । शाश्वत-आनन्द-रूपः m1/1 अहम्
mfn1/1 अहम् mfn1/1 एव 0 अहम् mfn1/1 अव्ययः m1/1 ॥

6.
The impact of my identity is forceful and direct,
my calmness overpowers Nature's stillness.

Unbridled happiness heralds my presence.

O Yes! All beings satiate when i approach.

23-10-2014 19 05

Verse 7 Photon Man Machine Cheer

तत्त्वातीतः परात्माऽहं मध्यातीतः परः शिवः ।
मायातीतः परञ्ज्योतिरहमेवाहमव्ययः ॥ ७

tattavātītaḥ parātmā'haṃ madhyātītaḥ paraḥ śivaḥ
| māyātītaḥ paraṃjyotirahamevāhamavyayaḥ ॥ 7

तत्-तव-अतीतः पर-आत्मा अहम् मध्य-अतीतः परः शिवः ।
माया-अतीतः परम्-ज्योतिः अहम् एव अहम् अव्ययः ॥

तत्त्वातीतः $^{m1/1}$ परात्मा $^{n1/1}$ अहम् $^{mfn1/1}$ मध्यातीतः $^{m1/1}$
परः ^{0} शिवः $^{m1/1}$ । मायातीतः $^{m1/1}$ परंज्योतिः $^{m1/1}$ अहम्
$^{mfn1/1}$ एव ^{0} अहम् $^{mfn1/1}$ अव्ययः $^{m1/1}$ ॥

7.

Even the photon and the phonon sense my being,
every electron welcomes my presence.

In all great beings my auspiciousness dwells,
through each man and machine my light passes.

O Yes! Each one gets my fragrance,
none are bereft of my glowing touch.

Verse 8 Applaud all Roles

नानारूपव्यतीतोऽहं चिदाकारोऽहमच्युतः ।

सुखरूपस्वरूपोऽहमहमेवाहमव्ययः ॥ ८

nānārūpavyatīto'haṃ cidākāro'hamacyutaḥ |

sukharūpasvarūpo'hamahamevāhamavyayaḥ ॥ 8

नाना-रूप-व्यतीतः अहम् चित्-आकारः अहम् अच्युतः ।

सुख-रूप-स्वरूपः अहम् अहम् एव अहम् अव्ययः ॥

नानारूपव्यतीतः ^{m1/1} अहम् ^{mfn1/1} चिदाकारः ^{m1/1} अहम् ^{mfn1/1} अच्युतः ^{m1/1} । सुखरूपस्वरूपः ^{m1/1} अहम् ^{mfn1/1} अहम् ^{mfn1/1} एव ⁰ अहम् ^{mfn1/1} अव्ययः ^{m1/1} ॥

8.

I keep assuming different forms,
i am fond of expressing varied emotions,
i enjoy applauding all roles and
i naturally like all tastes.

The diversity is my all round quality,

O Yes! There is nothing i eschew nor abhor.

Verse 9 Ignorance too

मायातत्कार्यदेहादि मम नास्त्येव सर्वदा ।
स्वप्रकाशैकरूपोऽहमहमेवाहमव्ययः ॥ ९

māyātatkāryadehādi mama nāstyeva sarvadā |
svaprakāśaikarūpo'hamahamevāhamavyayaḥ ॥ 9

माया-तत्-कार्य-देह-आदि मम नास्ति एव सर्वदा ।
स्वप्रकाश-एक-रूपः अहम् अहम् एव अहम् अव्ययः ॥

मायातत्कार्यदेहादि⁰ मम ᵐᶠⁿ⁶/¹ न⁰ अस्ति ˡᵈ ⁱⁱⁱ/¹ एव⁰ सर्वदा ⁰ ।
स्वप्रकाश-एक-रूपः ᵐ¹/¹ अहम् ᵐᶠⁿ¹/¹ अहम् ᵐᶠⁿ¹/¹ एव ⁰ अहम्
ᵐᶠⁿ¹/¹ अव्ययः ᵐ¹/¹ ॥

आदि ᵐ ˢᵗᵉᵐ मायातत्कार्यदेहादिः ᵐ¹/¹ मायातत्कार्यदेहादि लुपत प्रथमा

9.
The small and the weak,
or the stupid and the sullen,
none are ever reproached by me.

Even the desperate and the cruel
get my attention,

O Yes! None goes without a full meal
or ample pay for any work done.

Verse 10 Sattva Rajas Tamas

गुणत्रयव्यतीतोऽहं ब्रह्मादीनां च साक्ष्यहम् ।
अनन्तानन्दरूपोऽहमहमेवाहमव्ययः ॥ १०

guṇatrayavyatīto'haṃ brahmādīnāṃ ca sākṣyaham
| anantānandarūpo'hamahamevāhamavyayaḥ ||10

गुण-त्रय-व्यतीतः अहम् ब्रह्म-आदीनाम् च साक्षी अहम् ।
अनन्त-आनन्द-रूपः अहम् अहम् एव अहम् अव्ययः ॥

गुणत्रयव्यतीतः $^{m1/1}$ अहम् $^{mfn1/1}$ ब्रह्मादीनाम् $^{m6/1}$ च ^{0}
साक्षी $^{m1/1}$ अहम् $^{mfn1/1}$ । अनन्तानन्दरूपः $^{m1/1}$ अहम् $^{mfn1/1}$
अहम् $^{mfn1/1}$ एव ^{0} अहम् $^{mfn1/1}$ अव्ययः $^{m1/1}$ ॥

10.

I espouse the tricreative (-1 , 0 , +1) energies that
are in continuous play,

i respect all spectrums and shades in creation.

Endless are the ways of getting excited,
every breath fills me with sweetness,

O Yes! Each situation that occurs,
all boys and girls that i meet,

they all trigger the goodness and
the graciousness in me.

Verse 11 Saint or Sinner

अन्तर्यामिस्वरूपोऽहं कूटस्थः सर्वगोऽस्म्यहम् ।

परमात्मस्वरूपोऽहमहमेवाहमव्ययः ॥ ११

antaryāmisvarūpo'haṃ kūṭasthaḥ sarvago'smyaham |

paramātmasvarūpo'hamahamevāhamavyayaḥ ||11

अन्तर्यामि-स्वरूपः अहम् कूटस्थः सर्वगः अस्मि अहम् ।

परमात्म-स्वरूपः अहम् अहम् एव अहम् अव्ययः ॥

अन्तर्यामिस्वरूपः m1/1 अहम् mfn1/1 कूटस्थः m1/1

सर्वगः m1/1 अस्मि लट्‌ i/1 अहम् mfn1/1 । परमात्मस्वरूपः m1/1

अहम् mfn1/1 अहम् mfn1/1 एव 0 अहम् mfn1/1 अव्ययः m1/1 ॥

11.

The soft inner light shines forth from me,
it favors all men and machines.

I deny none,
i witness all with equanimity,

O Yeah! i can be friends with
the saint or
the sinner.

निष्कलोऽहं निष्क्रियोऽहं सर्वात्माऽऽद्यः सनातनः ।
अपरोक्षस्वरूपोऽहमहमेवाहमव्ययः ॥ १२

niṣkalo'haṃ niṣkriyo'haṃ sarvātmā''dyaḥ sanātanaḥ |

aparokṣasvarūpo'hamahamevāhamavyayaḥ ॥ 12

निष्कलः अहम् निष्क्रियः अहम् सर्वात्मा आदि-यः सनातनः ।
अपरोक्ष-स्वरूपः अहम् अहम् एव अहम् अव्ययः ॥

निष्कलः $^{m1/1}$ अहम् $^{mfn1/1}$ निष्क्रियः $^{m1/1}$ अहम् $^{mfn1/1}$ सर्वात्मा $^{m1/1}$ आद्यः $^{m1/1}$ सनातनः $^{m1/1}$ | the underlying truth अपरोक्षस्वरूपः $^{m1/1}$ अहम् $^{mfn1/1}$ अहम् $^{mfn1/1}$ एव ^{0} अहम् $^{mfn1/1}$ अव्ययः $^{m1/1}$ ॥

12.

Innocence personifies me,
spontaniety expresses me.

For all souls since the primal beginning this
Simplicity is the underlying truth,
nay the very basis of it all.

I am that direct compelling solid form that
all senses testify to,

O Yea! I can maintain my true nature
come what may.

Verse 13 Faultless Eyes

द्वन्द्वादिसाक्षिरूपोऽहमचलोऽहं सनातनः ।

सर्वसाक्षिस्वरूपोऽहमहमेवाहमव्ययः ॥ १३

dvandvādisākṣirūpo'hamacalo'haṃ sanātanaḥ |

sarvasākṣisvarūpo'hamahamevāhamavyayaḥ || 13

द्वन्द्व-आदि-साक्षि-रूपः अहम् अचलः अहम् सनातनः ।

सर्व-साक्षि-स्वरूपः अहम् अहम् एव अहम् अव्ययः ॥

द्वन्द्वादिसाक्षिरूपः $^{m1/1}$ अहम् $^{mfn1/1}$ अचलः $^{m1/1}$

अहम् $^{mfn1/1}$ सनातनः $^{m1/1}$ । सर्वसाक्षिस्वरूपः $^{m1/1}$ अहम् $^{mfn1/1}$

अहम् $^{mfn1/1}$ एव ^{0} अहम् $^{mfn1/1}$ अव्ययः $^{m1/1}$ ॥

13.

With faultless eyes i look upon both
noble and wretched,

Unswayed am i in the face of grave danger
or stark uncertainty,

each moment and
every man makes a contribution,
which makes my day exceedingly beautiful.

I can stand in any man's shoes and
i can see through anyone's perspective,

O Yes! i honor all beings, i salute all acts.

Verse 14 The Invisible

प्रज्ञानघन एवाहं विज्ञानघन एव च ।
अकर्तांऽहमभोक्तांऽहमहमेवाहमव्ययः ॥ १४

prajñānaghana evāhaṃ vijñānaghana eva ca |
akartā'hamabhoktā'hamahamevāhamavyayaḥ ||14

प्रज्ञान-घनः एव अहम् विज्ञान-घनः एव च ।
अकर्ता अहम् अभोक्ता अहम् अहम् एव अहम् अव्ययः ॥

प्रज्ञानघनः$^{m1/1}$ एव^0 अहम्$^{mfn1/1}$ विज्ञानघनः$^{m1/1}$ एव^0 च^0 ।

अकर्ता $^{m1/1}$ अहम् $^{mfn1/1}$ अभोक्ता $^{m1/1}$ अहम् $^{mfn1/1}$

अहम् $^{mfn1/1}$ एव^0 अहम् $^{mfn1/1}$ अव्ययः $^{m1/1}$ ॥

कर्ता $^{m1/1}$ कर्तृ $^{m\,stem}$ भोक्तृ $^{m\,stem}$

14.

Teeming with ready wit am i,
i can turn any challenge to my advantage,

science is never lopsided,
        no invention ever goes waste.

I can see the hand of someone Invisible
        in each act,

i can appreciate that invisibility with a willing
countenance.

O Yes! All are dear to me,
nothing is awkward for me.

Verse 15 Denies None

निराधारस्वरूपोऽहं सर्वाधारोऽहमेव च ।
आप्तकामस्वरूपोऽहमहमेवाहमव्ययः ॥ १५

nirādhārasvarūpo'haṃ sarvādhāro'hameva ca |
āptakāmasvarūpo'hamahamevāhamavyayaḥ ‖ 15

निर्-आधार-स्वरूपः अहम् सर्व-आधारः अहम् एव च ।
आप्त-काम-स्वरूपः अहम् अहम् एव अहम् अव्ययः ॥

निराधारस्वरूपः$^{m1/1}$ अहम्$^{mfn1/1}$ सर्वाधारः$^{m1/1}$ अहम्$^{mfn1/1}$
एव^{0} च^{0} । आप्तकामस्वरूपः$^{m1/1}$ अहम्$^{mfn1/1}$ अहम्$^{mfn1/1}$
अहम्$^{mfn1/1}$ एव^{0} अहम्$^{mfn1/1}$ अव्ययः$^{m1/1}$ ॥

15.

I can make use of any staff,
i can make my home even with leaves or
          grains of sand.

All virtues and qualities are welcomed by me,
          no display of extravagant strength
          nor a shoddy failing puts me off.

Every desire and each wish i hope gets fulfilled,

O Yes! i pray that none is denied
nor is any turned away.

Verse 16 Walk ahead no Looking back

तापत्रयविनिर्मुक्तो देहत्रयविलक्षणः ।

अवस्थात्रयसाक्ष्यस्मि चाहमेवाहमव्ययः ॥ १६

tāpatrayavinirmukto dehatrayavilakṣaṇaḥ |

avasthātrayasākṣyasmi cāhamevāhamavyayaḥ ||16

ताप-त्रय-वि-निर्मुक्तः देह-त्रय-विलक्षणः ।

अवस्था-त्रय-साक्षी अस्मि च अहम् एव अहम् अव्ययः ॥

तापत्रयविनिर्मुक्तः [m1/1] देहत्रयविलक्षणः [m1/1] ।

अवस्थात्रयसाक्षी [m1/1] अस्मि [लट् i/1] च [0]

अहम् [mfn1/1] एव [0] अहम् [mfn1/1] अव्ययः [m1/1] ॥

साक्षिन् [m stem] साक्षी [m1/1]

[यण् Sandhi] साक्षी + अस्मि → 6.1.77 इको यणचि → साक्ष्यस्मि

or

[प्रकृतिभाव Sandhi] साक्षी + अस्मि → 6.1.127 इकोऽसवर्णे शाकल्यस्य ह्रस्वश्च → साक्षि अस्मि

16.

The fires of suffering,
the trauma of rejection and
the miseries of guilt or illness or forgetfulness,

i forgive all without a thought,
i walk ahead without looking back.

It is my nature to be equanimous to pride and pain
and pleasure,

i look upon the three as God's gift of setting me
straight and keeping me on track.

O Yes! i am grateful i qualified even
                    for the useless
                    or the painful
                    or the shameful.

दृग्दृश्यौ द्वौ पदार्थौ स्तः परस्परविलक्षणौ ।
दृग्ब्रह्म दृश्यं मायेति सर्ववेदान्तडिण्डिमः ॥ १७

dṛgdṛśyau dvau padārthau staḥ parasparavilakṣaṇau | dṛgbrahma dṛśyaṃ māyeti sarvavedāntaḍiṇḍimaḥ ॥ 17

दृक्-दृश्यौ द्वौ पदार्थौ स्तः परस्पर-विलक्षणौ ।
दृक्-ब्रह्म दृश्यं माया इति सर्व-वेदान्त-डिण्डिमः ॥

दृग्दृश्यौ $^{m1/2\,adj}$ द्वौ $^{m1/2\,adj}$ पदार्थौ $^{m1/2}$ स्तः $^{लट्\,iii/2}$ परस्परविलक्षणौ $^{m1/2}$ । दृग्ब्रह्म $^{n1/1}$ दृश्यं $^{n1/1}$ माया $^{f1/1}$ इति ^{0} सर्ववेदान्तडिण्डिमः $^{m1/1}$ ॥

अस् भुवि । स्तः $^{लट्\,iii/2}$

17.

My Eyes that see and the Sights that they see,
both are actually physical mechanics,
which
complement the demands of my innate chemistry.

To the Lord's eye it is all an amusing game,
just an innocent child's play,

O Yes! At times i too am blessed with such a
wonderous vision.

O Yes! This is what the crux of fine education is,
This is what the Great Schools teach.

Verse 18 ponder Again and Again

अहं साक्षीति यो विद्याद्विविच्यैवं पुनः पुनः ।

स एव मुक्तः सो विद्वानिति वेदान्तडिण्डिमः ॥ १८

ahaṃ sākṣīti yo vidyādvivicyaivaṃ punaḥ ।

sa eva muktaḥ so vidvāniti vedāntaḍiṇḍimaḥ ॥ 18

अहम् साक्षी इति यः विद्यात् विविच्य एवम् पुनः पुनः ।

सः एव मुक्तः सः विद्वान् इति वेदान्त-डिण्डिमः ॥

अहम् ᵐᶠⁿ1/1 साक्षी ᵐ1/1 इति ⁰ यः ᵐ1/1 विद्यात् ᵐ5/1

विविच्य ᶫʸᵖ⁰ एवम् ⁰ पुनः ⁰ पुनः ⁰ । सः ᵐ1/1 एव ⁰ मुक्तः ᵐ1/1

सः ᵐ1/1 विद्वान् ᵐ1/1 इति⁰ वेदान्तडिण्डिमः ᵐ1/1 ॥

विद्या ᶠ stem विद्यात् ᵐ5/1 Vedic usage. Irregular.

18.
I am just a dry leaf, O know ye all,

contemplate over and over,
ponder again and again,

i too can be sweet anon and
not so bitter as to harm anyone.

I too can grace yonder earth and be liked by
somone, nay loved exceedingly by The One.

Such a fond hope is Proclaimed
              Dauntlessly by the scriptures,

O Yes! It is carved in stone by those men of yore.

घटकुड्यादिकं सर्वं मृत्तिकामात्रमेव च ।
तद्ब्रह्म जगत्सर्वमिति वेदान्तडिण्डिमः ॥ १९

ghaṭakuḍyādikam sarvam mṛttikāmātramevaca |
tadvadbrahma jagatsarvamiti vedāntaḍiṇḍimaḥ ||
19

घट-कुटि-आदिकम् सर्वम् मृत्तिका मात्रम् एव च ।
तद्वद्-ब्रह्म जगत् सर्वम् इति वेदान्त-डिण्डिमः ॥

घटकुड्यादिकम् $^{n1/1}$ सर्वम् $^{n1/1}$ मृत्तिका $^{f1/1}$ मात्रम् $^{n1/1}$ एव ^{0}
च ^{0} । तद्ब्रह्म $^{n1/1}$ जगत् $^{n1/1}$ सर्वम् $^{n1/1}$ इति ^{0}
वेदान्तडिण्डिमः $^{m1/1}$ ॥ proclamation

19.

My BODY and my MIND,
        is just a block of clay
to be molded and fashioned
        by the Lord as per his own will.

And so is this planet and its energies
an orchestra harmoniously tuned to
        the glances of the great director.

O Yes! This is the ultimate truth boldly taught in
        the writings of yore,
this is what they who glimpsed the truth
        have written in stone.

Verse 20 Brilliant Proclamation

ब्रह्म सत्यं जगन्मिथ्या जीवो ब्रह्मैव नापरः ।
अनेन वेद्यं सच्छास्त्रमिति वेदान्तडिण्डिमः ॥ २०

brahma satyaṃ jaganmithyā jīvo brahmaiva
nāparaḥ | anena vedyaṃ sacchāstramiti
vedāntaḍiṇḍimaḥ ॥ 20

ब्रह्म सत्यम् जगत् मिथ्या जीवः ब्रह्म एव न अपरः ।
अनेन वेद्यं सत् शास्त्रम् इति वेदान्त-डिण्डिमः ॥

ब्रह्म $^{n1/1}$ सत्यम् $^{n1/1}$ जगत् $^{n1/1}$ मिथ्या^{0} जीवः$^{m1/1}$ ब्रह्म$^{n1/1}$
एव ^{0} न ^{0} अपरः$^{m1/1}$ । अनेन^0 वेद्यं $^{n2/1}$ सत् $^{n1/1}$ शास्त्रम् $^{n1/1}$
इति^{0} वेदान्तडिण्डिमः $^{m1/1}$ ॥ declaration

20.

The pure the sincere the pleasant the innocent
are the marks of Divinity,
        everything else is a mirage,
           nay a passing cloud;

you and me and anyone else can attain to It,
can manifest It,
        can realize It,
           can become one with It.

It had been done by those who walked long ago,
it was so stated in their priceless books,
it was taught brilliantly by them
        to every succeeding generation.

Verse 21 He alone am I

अन्तर्ज्योतिर्बहिर्ज्योतिः प्रत्यग्ज्योतिः परात्परः ।
ज्योतिर्ज्योतिः स्वयं ज्योतिरात्मज्योतिः शिवोऽस्म्यहम् ॥ २१

antarjyotirbahirjyotiḥ pratyagjyotiḥ parātparaḥ |
jyotirjyotiḥ svayaṃjyotirātmajyotiḥ śivo'smyaham
‖ 21

अन्तः ज्योतिः बहिः ज्योतिः प्रत्यक् ज्योतिः परात् परः ।
ज्योतिः ज्योतिः स्वयम् ज्योतिः आत्म-ज्योतिः शिवः अस्मि अहम्
‖

अन्तः^{0} ज्योतिः $^{n1/1}$ बहिः^{0} ज्योतिः $^{n1/1}$ प्रत्यक् $^{0\,adv}$

ज्योतिः $^{n1/1}$ परात् $^{m5/1}$ परः$^{m1/1}$ । ज्योतिः $^{n1/1}$ ज्योतिः $^{n1/1}$

स्वयम् ^{0} ज्योतिः $^{n1/1}$ आत्मज्योतिः $^{n1/1}$ शिवः $^{m1/1}$

अस्मि $^{लट्\,i/1}$ अहम् $^{mfn1/1}$ ‖

ज्योतिस् $^{n\,stem}$ ज्योतिः $^{n1/1}$

अस् भुवि । अस्मि $^{लट्\,i/1}$

21.

Inside of me i am filled with that soft light,
outside what envelops me is that beautiful glow,

all my senses are soaked in it.

O Yes! All of my being,
my mind and my heart and my will,

my every thought and speech and movement,
it is all He, He alone am i,

the auspicious, the pure and the blissful.

~END~

03. 11 2013 19:23

Latin Transliteration Chart

International Alphabet of Sanskrit Transliteration (I.A.S.T.)

a	ā	i	ī	u	ū	ṛ	ṝ	ḷ	
अ	आ	इ	ई	उ	ऊ	ऋ	ॠ	ऌ	
						◌ृ	◌ॄ	◌ॢ	
e	ai	o	au	ṃ	m̐	ḥ	Ardha Visarga	oṃ	
ए	ऐ	ओ	औ	◌ं	◌ँ	◌:	◌ꣳ	ॐ	

Consonants shown with vowel 'a= अ' for uttering

ka	क	ca	च	ṭa	ट	ta	त	pa	प
kha	ख	cha	छ	ṭha	ठ	tha	थ	pha	फ
ga	ग	ja	ज	ḍa	ड	da	द	ba	ब
gha	घ	jha	झ	ḍha	ढ	dha	ध	bha	भ
ṅa	ङ	ña	ञ	ṇa	ण	na	न	ma	म

ya	ra	la	va		ḷa	'			
य	र	ल	व		ळ	ऽ			
						Consonant only			
śa	ṣa	sa	ha		ka	क्अ = क			
श	ष	स	ह		k	क्			

Verses for Chanting

॥ अथ ब्रह्मज्ञानावलीमाला ॥

सकृच्छ्रवणमात्रेण , ब्रह्मज्ञानं यतो भवेत् ।
ब्रह्मज्ञानावलीमाला , सर्वेषां मोक्षसिद्धये ॥ १

असङ्गोऽहम् असङ्गोऽहम् , असङ्गोऽहं पुनः पुनः ।
सच्चिदानन्दरूपोऽहम् , अहमेवाहम् अव्ययः ॥ २

नित्यशुद्धविमुक्तोऽहम् , निराकारोऽहम् अव्ययः ।
भूमानन्दस्वरूपोऽहम् , अहमेवाहम् अव्ययः ॥ ३

नित्योऽहं निरवद्योऽहम् , निराकारोऽहम् अच्युतः ।
परमानन्दरूपोऽहम् , अहमेवाहम् अव्ययः ॥ ४

शुद्धचैतन्यरूपोऽहम् , आत्मारामोऽहमेव च ।
अखण्डानन्दरूपोऽहम् , अहमेवाहम् अव्ययः ॥ ५

प्रत्यक्चैतन्यरूपोऽहम् , शान्तोऽहं प्रकृतेः परः ।
शाश्वतानन्दरूपोऽहम् , अहमेवाहम् अव्ययः ॥ ६

तत्त्वातीतः परात्माऽहम् , मध्यातीतः परः शिवः ।
मायातीतः परञ्ज्योतिः , अहमेवाहम् अव्ययः ॥ ७

नानारूपव्यतीतोऽहम् , चिदाकारोऽहम् अच्युतः ।
सुखरूपस्वरूपोऽहम् , अहमेवाहम् अव्ययः ॥ ८

मायातत्कार्यदेहादि , मम नास्त्येव सर्वदा ।
स्वप्रकाशैकरूपोऽहम् , अहमेवाहम् अव्ययः ॥ ९

गुणत्रयव्यतीतोऽहम् , ब्रह्मादीनां च साक्ष्यहम् ।
अनन्तानन्दरूपोऽहम् , अहमेवाहम् अव्ययः ॥ १०

अन्तर्ज्योतिस्वरूपोऽहम् , कूटस्थः सर्वगोऽस्म्यहम् ।
परमात्मस्वरूपोऽहम् , अहमेवाहम् अव्ययः ॥ ११

निष्कलोऽहं निष्क्रियोऽहम् , सर्वात्माद्यः सनातनः ।
अपरोक्षस्वरूपोऽहम् , अहमेवाहम् अव्ययः ॥ १२

द्वन्द्वादिसाक्षिरूपोऽहम् , अचलोऽहं सनातनः ।
सर्वसाक्षिस्वरूपोऽहम् , अहमेवाहम् अव्ययः ॥ १३

प्रज्ञानघन एवाहम् , विज्ञानघन एव च ।
अकर्ताहम् अभोक्ताहम् , अहमेवाहम् अव्ययः ॥ १४

निराधारस्वरूपोऽहम् , सर्वाधारोऽहम् एव च ।
आप्तकामस्वरूपोऽहम् , अहमेवाहम् अव्ययः ॥ १५

तापत्रयविनिर्मुक्तः , देहत्रयविलक्षणः ।
अवस्थात्रयसाक्ष्यस्मि , चाहमेवाहम् अव्ययः ॥ १६

दृग्दृश्यौ द्वौ पदार्थौ स्तः , परस्परविलक्षणौ ।
दृग्ब्रह्म दृश्यं मायेति , सर्ववेदान्तडिण्डिमः ॥ १७

अहं साक्षि-इति यो विद्याद् , विविच्यैवं पुनः पुनः ।
स एव मुक्तः सो विद्वान् , इति वेदान्तडिण्डिमः ॥ १८

घटकुड्यादिकं सर्वं , मृत्तिकामात्रमेव च ।
तद्ब्रह्म जगत्सर्वम् , इति वेदान्तडिण्डिमः ॥ १९

ब्रह्म सत्यं जगन्मिथ्या , जीवो ब्रह्मैव नापरः ।
अनेन वेद्यं सच्छास्त्रम् , इति वेदान्तडिण्डिमः ॥ २०

अन्तर्ज्योतिर्बहिर्ज्योतिः , प्रत्यग्ज्योतिः परात्परः ।
ज्योतिर्ज्योतिः स्वयं ज्योतिः , आत्मज्योतिः शिवोऽस्म्यहम् ॥ २१

॥ इति ब्रह्म-ज्ञानवली-माला सम्पूर्णा ॥

|| Brahmajñānāvalīmālā ||

sakṛcchravaṇamātreṇa brahmajñānaṃ yato bhavet | brahmajñānāvalīmālā sarveṣāṃ mokṣasiddhaye || 1

asaṅgo'hamasaṅgo'hamasaṅgo'haṃ punaḥ punaḥ | saccidānandarūpo'hamahamevāhamavyayaḥ || 2

nityaśuddhavimukto'haṃ nirākāro'hamavyayaḥ | bhūmānandasvarūpo'hamahamevāhamavyayaḥ ||3

nityo'haṃ niravadyo'haṃ nirākāro'hamacyutaḥ | paramānandarūpo'hamahamevāhamavyayaḥ || 4

śuddhacaitanyarūpo'hamātmārāmo'hameva ca | akhaṇḍānandarūpo'hamahamevāhamavyayaḥ || 5

pratyakcaitanyarūpo'haṃ śānto'haṃ prakṛteḥ paraḥ | śāśvatānandarūpo'hamahamevāhamavyayaḥ || 6

tattavātītaḥ parātmā'haṃ madhyātītaḥ paraḥ śivaḥ | māyātītaḥ paraṃjyotirahamevāhamavyayaḥ || 7

nānārūpavyatīto'haṃ cidākāro'hamacyutaḥ |
sukharūpasvarūpo'hamahamevāhamavyayaḥ || 8

māyātatkāryadehādi mama nāstyeva sarvadā |
svaprakāśaikarūpo'hamahamevāhamavyayaḥ || 9

guṇatrayavyatīto'haṃ brahmādīnāṃ ca sākṣyaham
| anantānandarūpo'hamahamevāhamavyayaḥ ||10

antaryāmisvarūpo'haṃ kūṭasthaḥ
sarvago'smyaham |
paramātmasvarūpo'hamahamevāhamavyayaḥ ||11

niṣkalo'haṃ niṣkriyo'haṃ sarvātmā"dyaḥ
sanātanaḥ |
aparokṣasvarūpo'hamahamevāhamavyayaḥ || 12

dvandvādisākṣirūpo'hamacalo'haṃ sanātanaḥ |
sarvasākṣisvarūpo'hamahamevāhamavyayaḥ || 13

prajñānaghana evāhaṃ vijñānaghana eva ca |
akartā'hamabhoktā'hamahamevāhamavyayaḥ ||14

nirādhārasvarūpo'haṃ sarvādhāro'hameva ca |
āptakāmasvarūpo'hamahamevāhamavyayaḥ || 15

tāpatrayavinirmukto dehatrayavilakṣaṇaḥ |
avasthātrayasākṣyasmi cāhamevāhamavyayaḥ ||16

dṛgdṛśyau dvau padārthau staḥ
parasparavilakṣaṇau | dṛgbrahma dṛśyaṃ māyeti
sarvavedāntaḍiṇḍimaḥ || 17

ahaṃ sākṣīti yo vidyādvivicyaivaṃ punaḥ punaḥ |
sa eva muktaḥ so vidvāniti vedāntaḍiṇḍimaḥ || 18

ghaṭakuḍyādikaṃ sarvaṃ mṛttikāmātrameva ca |
tadvadbrahma jagatsarvamiti vedāntaḍiṇḍimaḥ ||
19

brahma satyaṃ jaganmithyā jīvo brahmaiva
nāparaḥ | anena vedyaṃ sacchāstramiti
vedāntaḍiṇḍimaḥ || 20

antarjyotirbahirjyotiḥ pratyagjyotiḥ parātparaḥ |
jyotirjyotiḥ svayaṃjyotirātmajyotiḥ śivo'smyaham
|| 21

Sanskrit Grammar

Sandhis separated word by word पदच्छेद (प०),

and with विभक्ति Cases have been listed.

<u>Abbreviations</u>
Nouns

m masculine, **f** feminine, **n** neuter; **V** vocative
1/1 = vibhakti from 1 to 7/number 1 to 3

Indeclinables (uninflected nouns or verbs) **0**
In Sanskrit the **adverbs** are mostly uninflected.

Verbs

iii/1 = person i to iii / number 1 to 3

PPP = Past Participle Passive = क्त

PPA = Past Participle Active = क्तवत्

PrPA = Present Participle Active = शतृ / शानच्

FPA = Future Participle Active = लृट् + शतृ

PoPP = Potential Participle Passive = य, तव्य,

अनीयर् (gerundive)

It is a common practice in Sanskrit grammar to use a "hyphen" to indicate compounds.

Compound or समास is frequently encountered in Sanskrit literature. It has a beauty and a brevity.

Since Sanskrit is an inflectional language, the **spelling of the same word** changes as per context or usage. Hence words can be **placed anywhere** in a sentence, as in poetic use, without change in meaning. The matrix shows how.

Verb inflections in Sanskrit – a sample chart

982 गम्ऌ गतौ – to go, also in the sense of attainment			
Present Tense Active voice लट् कर्त्तरि			
Person/no	singular	dual	plural
Third	गच्छति iii/1	गच्छतः iii/2	गच्छन्ति iii/3
Second	गच्छसि ii/1	गच्छथः ii/2	गच्छथ ii/3
First	गच्छामि i/1	गच्छावः i/2	गच्छामः i/3

Noun declensions in Sanskrit – a sample chart

Masculine stem, vowel अ ending			
(र्–आ–म्–अ) राम [m] Lord's name			
	singular [1]	dual [2]	plural [3]
1 Doer	रामः [1/1]	रामौ [1/2]	रामाः [1/3]
2 Object	रामम् [2/1]	रामौ [2/2]	रामान् [2/3]
3 by	रामेण [3/1]	रामाभ्याम् [3/2]	रामैः [3/3]
4 for	रामाय [4/1]	रामाभ्याम् [4/2]	रामेभ्यः [4/3]
5 from	रामात् [5/1]	रामाभ्याम् [5/2]	रामेभ्यः [5/3]
6 of	रामस्य [6/1]	रामयोः [6/2]	रामाणाम् [6/3]
7 in	रामे [7/1]	रामयोः [7/2]	रामेषु [7/3]
Vocative	हे राम [V/1]	हे रामौ [V/2]	हे रामाः [V/3]

Masculine stem, consonant त् ending

मरुत् [m] Wind, Breeze, Air			
	singular [1]	dual [2]	plural [3]
1 Doer	मरुत् [1/1]	मरुतौ [1/2]	मरुतः [1/3]
2 Object	मरुतम् [2/1]	मरुतौ [2/2]	मरुतः [2/3]
3 by	मरुता [3/1]	मरुद्भ्याम् [3/2]	मरुद्भिः [3/3]
4 for	मरुते [4/1]	मरुद्भ्याम् [4/2]	मरुद्भ्यः [4/3]
5 from	मरुतः [5/1]	मरुद्भ्याम् [5/2]	मरुद्भ्यः [5/3]
6 of	मरुतः [6/1]	मरुतोः [6/2]	मरुताम् [6/3]
7 in	मरुति [7/1]	मरुतोः [7/2]	मरुत्सु [7/3]
Vocative	हे मरुत् [V/1]	हे मरुतौ [V/2]	हे मरुतः [V/3]

Moods and Tenses in Sanskrit

1	लट्	Present Tense
2	लुङ्	Aorist Past Tense, *before from now*
3	लङ्	Imperfect Past Tense – *before from yesterday onwards*
4	लिट्	Perfect Past Tense – *distant unseen past*
5	लृट्	Simple Future Tense – *now onwards*
6	लुट्	Periphrastic Future Tense – *tomorrow onwards*
7	लृङ्	Conditional Mood - *if/then, past or future*
8	लोट्	Imperative Mood – *request*
9	विधि–लिङ्	Potential Mood – *order* *विधिलिङ्*
10	आशीर्–लिङ्	Benedictive Mood – *blessing* *आशीर्लिङ्* (also used in the sense of a curse)

Conjugation process of Verb

अस्मि ^{लट्} i/1 = I am, I exist. Verses 16, 21

Root 1065 √ असँ भुवि । to be, exist. 2cP

1.3.1 भूवादयो धातवः। असँ = अस्अँ

1.3.2 उपदेशोऽजनुनासिक इत्। 1.3.9 तस्य लोपः। अस्

3.4.69 लः कर्मणि च भावे चाकर्मकेभ्यः। अस्

3.2.123 वर्तमाने लट्। 3.4.77 लस्य। अस् + लँट्

1.3.3 हलन्त्यम्। 1.3.9 तस्य लोपः। अस् + लँ

1.3.2 उपदेशोऽजनुनासिक इत्। 1.3.9 तस्य लोपः। अस् + ल्

3.4.78 तिप्तस्झिसिप्थस्थमिब्वस्मस्

तातांझथासाथांध्वमिड्वहिमहिङ् । Parasmaipada

अस् + मिब्वस्मस्।

we are conjugating first person

1.4.101 तिङस्त्रीणि त्रीणि प्रथममध्यमोत्तमाः। ।

1.4.102 तान्येकवचनद्विवचनबहुवचनान्येकशः। ।

अस् + मिप् । singular

1.4.107 अस्मद्युत्तमः । known as Uttama Purusha

3.4.113 तिङ्शित्सार्वधातुकम्। अस् + मिप्

3.1.68 कर्तरि शप्। 1.1.61 प्रत्ययस्य लुक्श्लुलुपः। ।

2.4.72 अदिप्रभृतिभ्यः शपः। इति शप् लुक्। अस् + मिप्

3.4.113 तिङ्शित्सार्वधातुकम्। अस् + मिप्

1.3.3 हलन्त्यम्। 1.3.9 तस्य लोपः। अस् + मि

= अस्मि ^{लट्} i/1 । I am.

Declension process of Noun

अहम् = I

Stem अस्मद् mfn => अहम् mfn 1/1

1.2.45 अर्थवदधातुरप्रत्ययः प्रातिपदिकम् । ओङ्कार

1.2.46 कृत्तद्धितसमासाश्च । 3.1.1 प्रत्ययः । 3.1.2 परश्च ।

4.1.1 ङ्याप्प्रातिपदिकात्

4.1.2 स्वौजस-

      मौट्छष्टाभ्याम्भिस्ङेभ्याम्भ्यस्ङसिभ्याम्भ्यस्ङसोसाम्ङ्योस्सुप् ।

1.4.104 विभक्तिश्च । 1.4.103 सुपः = use one of these

vibhakti suffix. अस्मद् + सुँ ।

1.4.22 ब्येकयोर्द्विवचनैकवचने = singular number taken.

    अस्मद् + सुँ $^{1/1}$ ।

7.1.28 ङेप्रथमयोरम् । अस्मद् + अम् ।

7.2.90 शेषे लोपः । अस्म + अम् ।

7.2.94 त्वाहौ सौ । 7.2.91 मपर्यन्तस्य । अहअ + अम् ।

6.1.96 अतो गुणे । अह + अम् ।

1.3.4 न विभक्तौ तुस्माः = final मकारः of a Vibhakti is not a

    tag letter. अह + अम् ।

6.1.107 अमि पूर्वः । अह म् ।

    = अहम् $^{mfn1/1}$ ।

can be used in any gender, Masculine/Feminine/Neuter.
First case singular. I. This Me. This Body and Mind.

References

https://www.ashtangayoga.info/philosophy/sanskrit-and-devanagari/transliteration-tool/

https://wiki.yoga-vidya.de/Brahma_Jnanavali_Mala

https://www.learnsanskrit.cc/
https://www.sanskritworld.in/index/Sanskrittool

Swami Brahmananda sings the verses
https://www.youtube.com/watch?v=77qayl4_YB4

Jaya Vidyasagar sings the verses
https://www.youtube.com/watch?v=ll-yryZGl9A

KLV Sastry & Anantarama Sastri – Sabda Manjari 1961–
Reprint - 2013 – RS Vadhyar & Sons, Palghat.

Ashwini Kumar Aggarwal
– Dhatupatha of Panini – 2nd – 2017 –
– Sanskrit Noun Declension using Ashtadhyayi Sutras –
   1st – 2022 –
Devotees of Sri Sri Ravi Shankar Ashram, Punjab.

Epilogue

When you are quiet still, your inner light shines forth.

सर्वे भवन्तु सुखिनः । सर्वे सन्तु निरामयाः ।

सर्वे भद्राणि पश्यन्तु । मा कश्चिद् दुःख भाग् भवेत् ॥

ॐ शान्तिः शान्तिः शान्तिः ॥

When faith has blossomed in life,
Every step is led by the Divine.

Sri Sri Ravi Shankar

Om Namah Shivaya

जय गुरुदेव